1.	Лесю! Швидко, біжи! Я вже йду. Біжи сюди, швидко!
2.	Дивись, Романе! Там пані Козак. Вона вже у школі.
3.	Роман у школі. Там літак. Літак не летить.
4.	Сядь тут, Сірку! Пані Козак, чи може він сидіти тут? Добре, Сірко може сидіти.
5.	Там школа. Діти надворі. Надворі тепло.

Вправи до стор. 5-9.
Написати у квадраті число тих речень, що описують
відповідний рисунок.

сидіти	сядь	сідати

1. Прошу＿＿＿＿＿＿＿＿＿＿тут, Оленко.
2. ＿＿＿＿＿＿＿＿＿, Романе! Тихо!
3. Треба＿＿＿＿＿＿＿＿＿тихо у школі.
4. Петре,＿＿＿＿＿＿＿＿на візок!

летить	лови	ловити

1. Літак＿＿＿＿＿＿＿＿＿＿швидко.
2. Літак! Я хочу＿＿＿＿＿＿＿＿.
3. Там надворі＿＿＿＿＿＿＿літак.
4. Швидко, Тарасе,＿＿＿＿＿＿м'яч!
5. Поможи мені＿＿＿＿＿＿Сірка.
6. Біжи, Петре,＿＿＿＿＿＿авто.
7. М'яч уже＿＿＿＿＿＿＿.
8. Сірко хоче＿＿＿＿＿＿Лесю.

Вправи до стор. 5-9.
Написати на порожньому місці відповідне слово.

1. Романе,	у школі.
2. Надворі	тут скакалка.
3. Уже перерва	лови м'яч!
4. Дивись, Оленко,	не можна.
5. Леся йде	тепло.
6. Дзвонить	скакати.
7. Бігати у школі	дзвінок.

1. Літак гуде	діти.
2. У школі треба	гу-гу-гу.
3. Добридень,	уже у школі.
4. Роман хоче	сидіти тихо.
5. Пані Козак	скакати.
6. Чи ти хочеш	й ловити м'яч.
7. Він іде бігати	скакати, Оленко?

Вправи до стор. 10-13.
Провести лінію від початого речення до відповідного закінчення.

С с	скакалка	сидіти	купити	скакати
Б б	баба	бігати	веселка	біжи
П п	Петро	перерва	пити	тепло
Х х	може	хоче	хата	хочеш
Д д	добре	дай	надвір	додому
Ш ш	школа	ще	школі	це
К к	скакати	Козак	купити	крамниця
Дз дз	дзвінок	добре	дзвонить	дзвінок
Н н	надвір	на	надворі	мені
Р р	Петре	риба	Роман	робить
Г г	пані	гра	гуде	гу-гу-гу
Т т	тато	маму	тобі	також
В в	вода	добре	візок	вона
Л л	школа	Ляля	літак	летить
Й й	йти	йди	іде	йде

Вправи до стор. 10-13.
Підкреслити ті слова, назви яких починаються тією самою буквою,
або буквами, що написані в тому самому рядку.

1. Чи Оленка у_____?
   (школа   школі)

2. Там можна _____.
   (скакалка   скакати)

3. Уже _____ дзвінок.
   (дзвінок   дзвонить)

4. Пані Козак, прошу _____.
   (сідати   сів)

5. Чи ти_____їсти?
   (хоче   хочеш)

6. Не можна _____у школі.
   (біжи   бігати)

7. Баба_____хліб.
   (пече   перерва)

8. Леся вже_____додому.
   (йти   йде)

Вправи до стор. 10-13.
Написати на порожньому місці відповідне слово, подане в дужках.

5

_ о р к в _	_ а п у с т _	_ а й ч и _
_ а б а в к _	р е й д _	_ л я с _
_ к о л _	_ к а к а л к _	_ в і н о _
о _	и б _	і т а _
_ ' я _	_ л о п е	_ і в ч и н _

Вправи до стор. 14-17.
Написати початкову букву, або букви, та останню букву слова.

1. Зайчик гарно пише. Роман зайчик. Зайчик хоче їсти моркву.	
2. Надворі можна скакати. Він може їсти моркву. Роман хоче писати.	
3. Тут крейда. Тут капуста. Тут морква.	
4. Я хочу йти писати. Тарас гарно пише. Оленко, тепер ти пиши.	
5. Чи ти хочеш обідати, Оленко? Тарас іде обідати. Тато йде обідати.	
6. Тут капуста й морква. Зайчик хоче скакати. Зайчик їсть капусту.	
7. Тут кляса. Діти у школі. Він хоче писати.	

Вправи до стор. 14-17.
Підкреслити те речення, що змістом найкраще відповідає рисункові.

писати	пиши	пише

1. Пані Козак гарно _____ .

2. Тут крейда. На, _____ !

3. Мамо, Петро хоче _____ .

4. Зайчик _____ гарно.

5. Тарасе, час _____ .

6. Тепер, Оленко, _____ .

7. Пані Козак, я хочу _____ .

8. _____ гарно, Оленко!

9. У школі треба _____ .

10. Тато _____ й мама _____ .

11. Зайчик може _____ .

12. Зайчик також _____ .

13. Не можна!   Не _____ !

14. Вона _____ : капуста, морква.

Вправи до стор. 14-17.
Написати на порожньому місці відповідне слово.

сидіти скакати скакалка	бігати візок біжить	сядь сюди сидіти
пиши прошу пише	масло Мурку моркву	коржики крейда кляса
гра Петро гарно	школа швидко школі	дякую пані Козак перерва
живу зайчик забавки	сідати скакалка скачи	писати поможи перерва
перерва бігати обідати	крамниця масла кляса	друзі дзвонить дзвінок
дзвінок добридень дзвонить	пити писати пише	пише п'ю п'є
молока морква Мурко	хоче хочу хочеш	капусту купити капуста

Вправи до стор. 17.
Перевірка знання слів. Вказівки на сторінці 50.

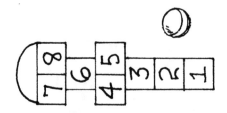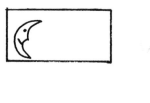

М'яч летить на кляси.
Тарас кидає м'яч.

Час обідати.
Час спати.

Там хлопці.
Там діти.

Юрко хоче коржика.
Ми хочемо їсти коржики.

Нарисуй нам кляси.
Юрко у школі.

Ми хочемо їсти коржики.
Ми хочемо пити молоко.

Оленка хоче моркви.
Тарас хоче коржика.

Ми хочемо бігати.
Ми хочемо скакати.

Вправи до стор. 18-21.
Підкреслити те речення, що змістом найкраще відповідає рисункові.

_____ Романе, я вже йду скакати.
_____ Романе, надворі тепло.
_____ Я хочу скакати надворі.

_____ Треба йти швидко.
_____ Уже дзвонить дзвінок.
_____ Час писати у школі.

_____ Добре, Оленко, тепер скачи.
_____ Ми хочемо скакати.
_____ Лесю, нарисуй нам кляси.

_____ Мама пече коржики.
_____ Дякую, Тарасе, дякую за коржик.
_____ Юрку, ти хочеш коржика?

_____ Сірко біжить ловити моркву.
_____ Морква летить на кляси.
_____ Юрко кидає моркву.

_____ Нарисуй нам капусту й моркву.
_____ Тут крейда.
_____ Гарно! Гарно, Тарасе!

_____ Добре, тут крейда. Пиши!
_____ Добридень, Оленко!
_____ Пані Козак, я хочу писати.

Вправи до стор. 18-21.
Написати на порожніх місцях, числа, відповідно до послідовности дії.

1. Дивись, мамо, Сірко має_____. коржик
2. Баба пече_____. коржика
3. Тут немає _____. коржики

---

1. Зайчик їсть _____. морква
2. Мама хоче купити _____. моркви
3. Лесю, там _____. моркву

---

1. _____кидає м'яч. Юрко
2. _____, ти хочеш скакати? Юрка
3. Тут_____ немає. Юрку

---

1. Тепер, він їсть _____. капуста
2. Там _____й морква. капусту

---

1. У_____ треба сидіти тихо. школа
2. Петре, дивись, це _____. школі

---

1. До побачення,_____! баба
2. _____пече хліб. баби
3. Я йду до_____. бабо

---

1. Дощ іде. Біжи швидко до_____.хата
2. Дід і баба вже в_____. хати
3. Дивись, це_____! хаті

Вправи до стор. 18-21.
Написати на порожньому місці відповідне подане слово.

1. Лесю, _____ уже їде.

   (автобус   візку)

2. Там можна _____ морозиво.

   (купити   купує)

3. Ми _____ до школи.

   (їдеш   їдемо)

4. Мама _____ молоко.

   (купує   купую)

5. Тарас хоче читати _____.

   (вдома   додому)

6. Мурко йде до _____.

   (школа   школи)

7. Леся хоче читати про _____.

   (зайчик   зайчика)

8. Там дівчата. _____ вдома.

   (Вона   Вони)

9. Книжка на _____.

   (візок   візку)

10. Покажи нам _____.

    (книжка   книжку)

11. Що робить Сірко у _____?

    (школа   школі)

12. Прошу, _____ мені книжку.

    (поможи   покажи)

13. Романе, чи ти вже _____ додому?

    (їдемо   їдеш)

14. Тарас пише _____ Сірка.

    (на   про)

15. Я _____ коржики.

    (купує   купую)

Вправи до стор. 22-25.

Написати на порожньому місці відповідне слово, подане в дужках.

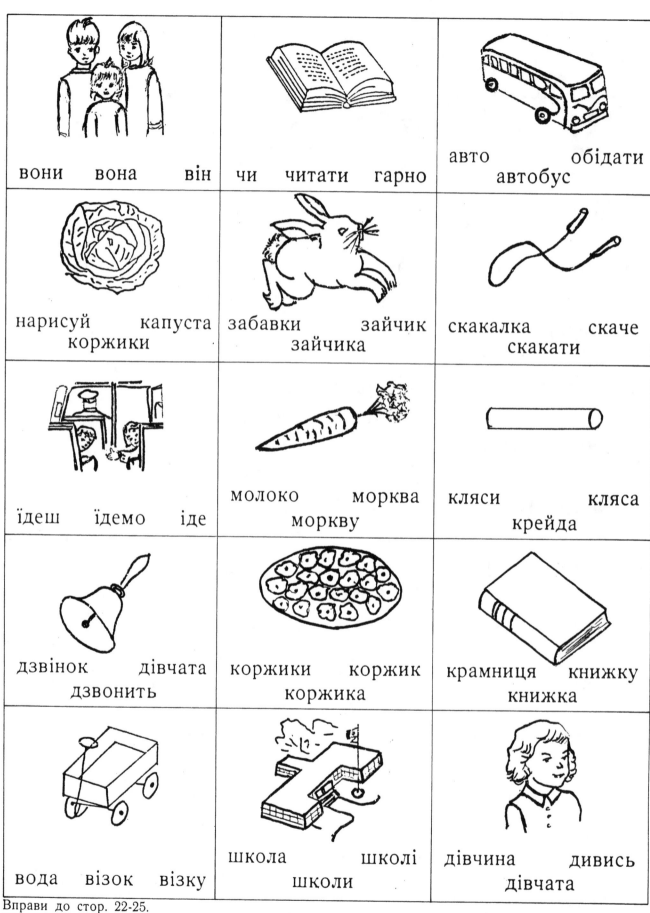

вони вона він	чи читати гарно	авто обідати автобус
нарисуй капуста коржики	забавки зайчик зайчика	скакалка скаче скакати
їдеш їдемо іде	молоко морква моркву	кляси кляса крейда
дзвінок дівчата дзвонить	коржики коржик коржика	крамниця книжку книжка
вода візок візку	школа школі школи	дівчина дивись дівчата

Вправи до стор. 22-25.
Підкреслити те слово, що відповідає рисункові.

нести	неси	несу	несе

1. Тарас _____ дошку.

2. Роман хоче _____ книжку.

3. На, тобі, Оленко! _____ дошку!

4. Мамо! Я _____ Мурка до хати.

5. Леся може _____ зайчика.

6. _____ книжку до школи.

7. Баба _____ коржики.

8. Петро каже: — Я хочу _____ капусту.

9. Чи ти хочеш _____ морозиво, Оленко?

10. Я _____ хліб додому.

11. Дивись! Петро _____ візок!

12. Мамо, дай нам моркву. Ми хочемо _____.

13. Лесю! _____ молоко до хати!

14. Я також _____ книжки до школи.

Вправи до стор. 26-30.
Написати на порожньому місці відповідне слово.

15

1. Я хочу будувати _____.	Мурка
2. Романе, поможи нести _____ додому.	школи
3. Чи зайчик має _____?	дошку
4. Тепер треба йти до _____.	книжку
5. Чи Петро хоче купити _____?	книжка
6. Нарисуй мені _____.	зайчика
7. Тарас будує хату на _____.	автобус
8. Пані Козак, де _____?	перерва
9. Тато каже: — _____ надворі.	візку
10. Оленко, покажи нам _____!	хату
	дошка

Вправи до стор. 26-30.
Написати на порожньому місці відповідне слово.

16

може каже скаче	моркву Мурка морква	покажи коржика книжка
будує купує кидає	дощ дошку дошка	кляса купую капусту
хочемо хлопці хату	вдома їдемо їдеш	вони він вона
читати скакати скачи	книжка книжки книжку	школи школі школа
нарисуй автобус будувати	неси нести несу	про нам ми
несе пише пече	зайчик крейда зайчика	хочеш хоче хочу

Вправи після стор. 30.
Перевірка знання слів. Вказівки на сторінці 51.

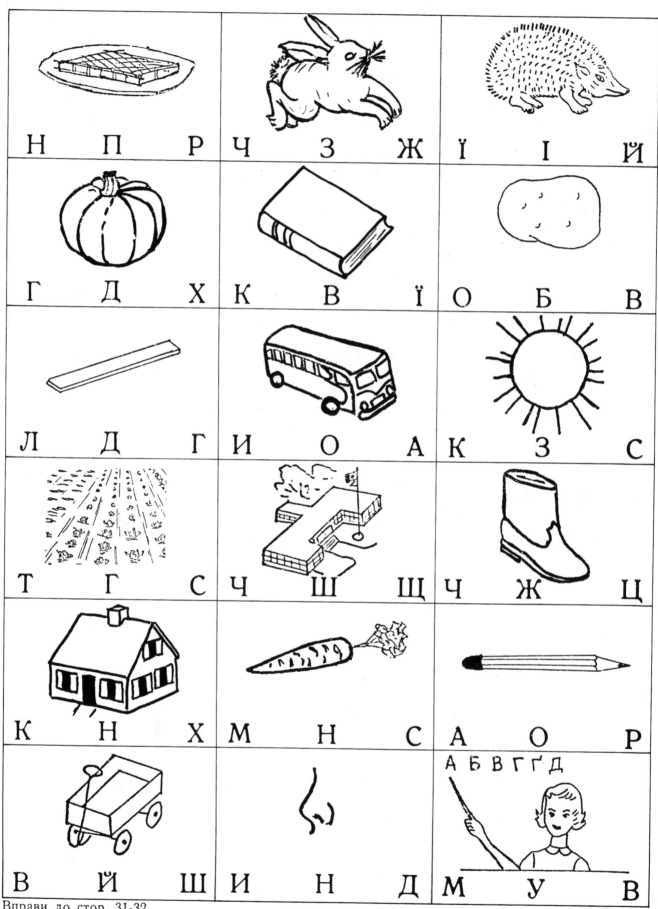

Н П Р	Ч З Ж	Ї І Й
Г Д Х	К В Ї	О Б В
Л Д Г	И О А	К З С
Т Г С	Ч Ш Щ	Ч Ж Ц
К Н Х	М Н С	А О Р
В Й Ш	И Н Д	М У В

Вправи до стор. 31-32.
Обвести колом ту букву, з якої починається назва рисунка. Відповіді на стор. 51.

18

кидати	кидай	кидає

1. Леся _____ капусту.

2. Петре, не _____ моркви.

3. Ми хочемо _____ м'яч.

4. Швидко, Романе! _____ м'яч!

5. Капусти не можна _____ .

6. Хто _____ капусту?

7. Леся _____ м'яч.

8. Я хочу _____ моркву.

9. М'яч можна _____ , а не капусту.

10. Юрку, _____ м'яч сюди!

11. Оленка не _____ морозива.

12. Чи можна _____ коржики?

Вправи до стор. 31-32.
Написати на порожньому місці відповідне подане слово.

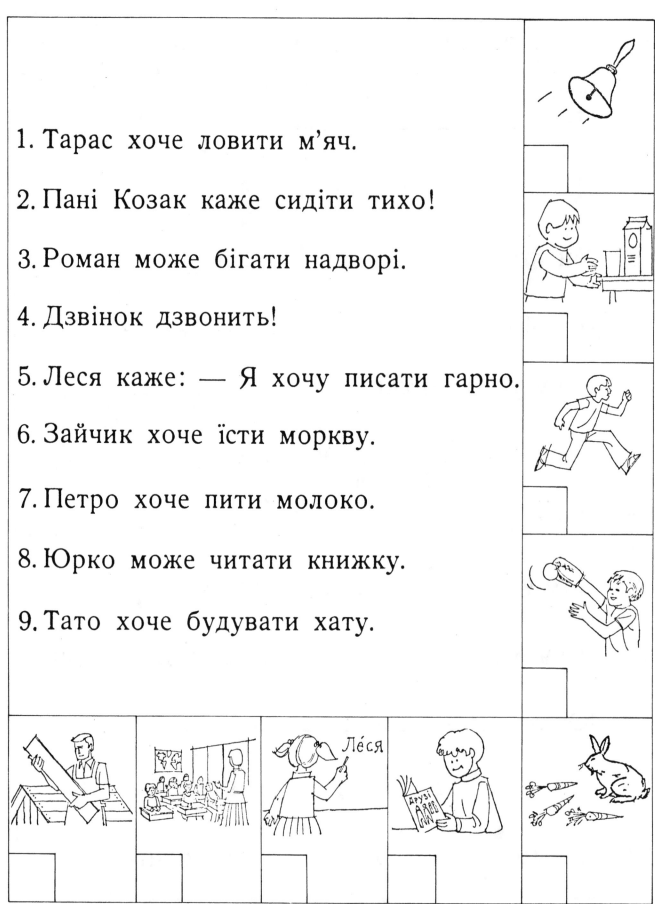

1. Тарас хоче ловити м'яч.

2. Пані Козак каже сидіти тихо!

3. Роман може бігати надворі.

4. Дзвінок дзвонить!

5. Леся каже: — Я хочу писати гарно.

6. Зайчик хоче їсти моркву.

7. Петро хоче пити молоко.

8. Юрко може читати книжку.

9. Тато хоче будувати хату.

Вправи до стор. 31-32. Написати у квадраті число тих речень, що описують відповідний рисунок.

їла	їв

1. — Я _____ капусту й моркву, — каже Оленка.

2. Тарас уже _____ гарбуз.

3. Леся каже: — Я ще не _____ пирога.

4. Тато вже _____ пиріг.

5. Хто _____ коржики?

6. Юрку, чи ти _____ хліб?

7. Мамо, Оленка вже _____ коржики.

пече	спекла

1. — Я _____ пиріг, — каже Леся.

2. Хто _____ пиріг?

3. Тарас їсть хліб, що мама _____.

4. Тепер баба _____ коржики.

5. Хто несе гарбуз, що Оленка _____?

Вправи до стор. 33-35.
Написати на порожньому місці відповідне слово.

21

— О! Баба пече пиріг!

Чи можна їсти, бабо? Я й Оленка хочемо їсти

пиріг, — каже Роман. —

Бабо, прошу дати нам їсти.

— Так, Романе, я вже спекла пиріг.

Це тобі, Оленко, а це тобі, Романе.

Тут молоко. Мурко може пити молоко, —

каже баба.

1. Що баба спекла? _____

2. Що Оленка їла? _____

3. Що Роман їв? _____

4. Що Мурко може пити? _____

5. Нарисуй те, що баба спекла.

Вправи до стор. 33-35.
Прочитати оповідання й написати відповіді повними реченнями.

22

1. пече хліб

2. біжить швидко

3. пише гарно

4. кидає м'яч

5. купує морозиво

6. будує хату

7. несе дошку

8. спекла пиріг

9. їв коржики

10. їла моркву

11. їде швидко

12. їсть капусту

Вправи до стор. 33-35.
Написати у квадраті відповідне число фрази, що описує рисунок.

йду порося кричи	фільм про покажи	кидати їдеш дивіться
город поросята носить	ой кидай дошки	кричить дякую читати
ой їв їдемо	купує дошку вовк	їла каже йде
фільм город поросята	кричать зайчика спекла	гуде несе мами
книжку будувати їла	хату пирога фільм	писати воно читати

Вправи до стор. 36-37.
Підкреслити те слово, що починається тією самою буквою, що й назва поданого рисунка.
Відповіді на сторінці 52.

_____ Порося хоче будувати хату.
_____ Порося біжить до хати.
_____ Вовк ловить порося.

_____ Поросята в хаті, а вовк надворі.
_____ Тихо, діти! Дивіться на фільм!
_____ Пані Козак і діти у школі.

_____ Пані Козак каже: — Не кричи, Оленко!
_____ Не кричи, Лесю!
_____ Леся та Оленка кричать у школі.
_____ Пані Козак іде до школи.

_____ Порося носить дошки.
_____ Воно кричить: — Ой, вовк! Вовк!
_____ Дивіться! Поросята вже в хаті.

_____ Пані Козак каже: — Тихо, діти!
_____ Діти кричать: — Добре! Фільм! Фільм!
_____ Тепер дивіться на фільм.

Вправи до стор. 36-37.
Написати на порожніх місцях числа, відповідно до послідовности дії.

1. Я хочу кидати   сніг.

2. Тарас бавиться   — Іди сюди.

3. Надворі йде   питає Роман.

4. Тарас не має   сніжки.

5. Пані Козак казала: надворі.

6. — Гей! Чи це коло? —   дзвінка.

7. Діти кажуть: — Ми хочемо   порося.

8. Порося будує   бавитися.

9. Вовк ловить   хату.

10. — До хати! До хати! —   кричать діти.

Вправи до стор. 38-41.
Провести лінію від початого речення до відповідного закінчення.

26

1. Надворі можна бавитися.	так	ні
2. У школі можна кидати сніжки.	так	ні
3. Надворі йде сніг.	так	ні
4. Сірко може кидати сніжки.	так	ні
5. Вовк живе надворі.	так	ні
6. Чи порося може скакати?	так	ні
7. Баба спекла сніжки.	так	ні
8. Діти не кричать у школі.	так	ні
9. Зайчик може нести дошку.	так	ні
10. Дзвінок бавиться надворі.	так	ні
11. Мама купує хліб і масло.	так	ні
12. Петро їсть коржики.	так	ні

Вправи до стор. 38-41.
Підкреслити „так" чи „ні", щоб була правильна відповідь.

каже казала читати	сніжки сніг школа	воно вовк коло
кидає падає питає	з гей ой	бавиться покажи бавитися
кажуть книжку кидати	дошку дошки школи	кричи кричать кричить
носить несу неси	книжка порося поросята	вдома дошка дивіться
Мурка їдеш фільм	їсть їв їла	пирога пиріг про
пирога гарбуз город	спекла купую купує	несе нести кричи
будує будувати бавитися	хату вовк мами	автобус зайчика дошки

Вправи після стор. 41.
Перевірка знання слів. Вказівки на сторінці 52.

читати   читай   читає

читав   читала

1. — Я хочу_____, — каже Роман.

2. — Добре!_____, — сказала
пані Козак.

3. Чи Оленка добре_____?

4. Тарас _____про зайчика.

5. Пані Козак гарно_____.

6. Леся хоче_____книжку вдома.

7. Сірко не може _____.

8. Тато _____ швидко.

9. Баба _____про порося.

10. Хто так гарно_____?

11. Про що ти_____, Тарасе?

12. Тепер, Оленко, ти _____.

Вправи до стор. 42-44.
Написати на порожньому місці відповідне слово.

29

1. Я хочу купити _____.
   (мишка   мишку)

2. Роман уже _____ жабу.
   (купив   купила)

3. _____ мені зайчика, мамо.
   (Купити   Купи)

4. Мурко ловить _____.
   (забавка   забавку)

5. Сірко ловив _____ надворі.
   (жаба   жабу)

6. Мурко _____ і ловив мишку.
   (бігав   бігати)

7. Тарас уже _____.
   (скакав   скакати)

8. Дивись! Там _____ баба й дід.
   (ідуть   іде)

9. Леся й Тарас ідуть до _____.
   (крамниця   крамниці)

10. Баба купила мишку _____ Мурка.
    (для   до)

Вправи до стор. 44-47.
Написати на порожньому місці відповідне слово, подане в дужках.

_ і л ь _	_ н і ж к _	_ а р б у _	_ о в _
_ и ш к _	_ а б а в к _	_ о л _	_ и р і _
_ а б _	_ о д _	_ в і н о _	_ н и ж к _
_ і в ч а т _	_ н і _	_ л о п ц _	_ о р о с _
_ о р о _	_ о ш к _	_ і з о _	_ к о л _

Вправи до стор. 44-47.

Написати у квадраті початкову букву, або букви, та останню букву, або букви слова, що називає рисунок. Відповіді на сторінці 53.

Мама каже: — Уже час_____. Петро _____коржики. Леся_____морозиво. Порося_____також.	їсти їла їв їло
Мамо,_____мені зайчика! Роман_____зайчика. Оленка_____зайчика. А мама каже: — Мені треба_____ молока.	купити купи купив купила
Тарасе,_____мені мишку. Я хочу_____зайчика.	покажи показати
Тарас_____воду, а Леся не хоче _____. Мама каже: — На, тобі,_____воду. — Я вже_____, — каже Оленка. — Сірко вже_____воду, а тепер я_____, — каже Петро.	пити п'ю п'є пий пив пила
Петро_____мишку. Оленка хоче_____моркву.	ніс нести

Вправи до стор. 48-51.
Написати на порожньому місці відповідне слово.

32

Юрко йде до школи.
Він несе зайчика.
Нарисуй, що Юрко
хоче показати у школі.

Роман був у крамниці.
Він купив мишку.
Тепер мишка спить
у хаті. Нарисуй мишку.

Коржик на візку.
Мурко хоче їсти
коржик. Нарисуй,
що він з'їв.

— Я маю забавки, —
каже Тарас. — Я хочу
показати тобі забавку.
— Покажи мені літак, —
каже Роман.
Нарисуй, що Тарас
хоче показати.

Вправи до стор. 48-51. Учні читають і виконують завдання.

вода воду вони	пила пив пити	з'їв їло їв	мишка сніжки коржик
скажи показати скакав	ніс пив нам	воду вовк жабу	маю там про
ловить ловити лови	Оленки коло Оленка	купив купи купила	жабу мишку забавку
крамниці казала кажуть	ідуть їдемо дивіться	гей для про	читала читай читає
будує обідати бігав	поросята забавку покажи	скакав кричать кричить	кидає кричи купи
читав питає читає	скажи пише показати	сніг ніс носить	скакати сидіти сніжки

Вправи після стор. 51.
Перевірка знання слів. Вказівки на сторінці 53.

вдома   надворі

на хаті   на візку

на фармі   у місті

у крамниці   у школі

Вправи до стор. 52-54.
Написати на порожньому місці відповідну фразу.

35

1. Віра жила _____ на фармі.
2. Тепер вона живе _____ від Юрка.

далеко	недалеко

1. — Чи на фармі _____ школа? — питає Оленка.
2. Ми їдемо до школи, _____ Петро не може їхати.
3. На фармі Юрко жив далеко _____ школи.

але	є	від

1. У _____ ми разом їдемо до школи.
2. Покажи мені _____ місто.

де	місті

1. — Віро, _____ нам зайчика, — каже пані Козак.
2. — Я вже _____, — каже Віра.

нарисуй	нарисувала

1. Я хочу купити _____.
2. _____ впала.

книжки	книжка

Вправи до стор. 52-54.
Написати на порожньому місці відповідне слово.

36

Читай:

Віра пише вірш про котика.

Котик удома.

Котик може скакати.

Віра сказала вірш.

Віра нарисувала котика.

котик

Пиши:

Я також знаю вірш про котика.

Скочив к_____,

Сів на п _____.

Мис р_____

І ж_____.

Тут нарисуй котика.

животик
плотик
котик
ротик

Вправи до стор. 55-57.
Написати початкові й кінцеві букви слів, що називають рисунки. Відповіді на сторінці 54.

Роман бавиться на снігу. — Пані Козак, дивіться! Роман котиться! Роман — _____.	 снігова баба
— Дивись! Юрко має сніжки! Юрку, не можна кидати _____ у школі, — кричить Тарас.	 ґудзик
Діти надворі на снігу. Тарас робить снігову бабу. Петро біжить і кричить: — О,_____!	 ніс
— Мені треба тут ґудзика. Мамо, поможи мені! — каже Леся. — На, тобі_____, — каже мама.	 очі
У баби очі. У Мурка очі. У мишки _____.	 сніжка
Петро має ґудзик. Він несе ґудзик. _____ із ґудзика.	 сніжки
—_____! — кричать діти. — Сірко біжить спускатися. Ми всі йдемо спускатися! — кричить Леся.	 санки

Вправи до стор. 58-63.
Написати на порожньому місці відповідне слово.

Сірко котиться, не спускається. Сірко — _____ .	котиться
— Тут санки, — каже Віра. — Я йду спускатися. Ми всі _____ спускатися.	сніжка
Гей! Дивись! Леся впала. О! Вона вже _____ .	спускається
Оленка спускається. Тарас також _____ .	встав
Я впала! Я _____ ! Юрку! Поможи мені!	встала
Сірко котиться, як сніжка, і Юрко _____ як сніжка.	впав
Романе, чи ти можеш устати? Так, я вже _____ !	впала
Дивись! Петро біжить швидко! Ой! Петро _____ і котиться.	йдемо

Вправи до стор. 58-63.
Написати на порожньому місці відповідне слово.

жила жив жабу	Віра вірш Віро	недалеко далеко ловив	снігу санки скажи
котиться котик робити	ротик плотик животик	миє питає може	котиться спускатися спускається
встала пила устати	можеш миє місті	впала впав бабу	місті місто мишка
пив встав був	котик ротик робити	сніжка снігова баба скакав	ха-ха-ха сказала показати
йдемо удома разом	ґудзик ґудзика котик	ніс рот очі	скочив книжка фармі
усі сів від	для їло але	з'їв знаю сів	спускатися снігова баба бавиться

Вправи після стор. 63.
Перевірка знання слів. Вказівки на стор. 54.

— Уже нам час _____, — каже мама. Дід уже _____, і Леся _____.	встав встала уставати
— _____ діти, — сказав дід. Леся _____, й Тарас _____.	вмивається умивається умивайтеся
— Я вже _____, — сказав Тарас. — Я вже _____, — сказала Леся.	вмилася вмився
— Уранці треба їсти, — сказала мама. — Я вже _____, — сказав Тарас. — І я вже _____, — сказала Леся.	з'їв з'їла
— Я _____ до баби. А ти, Тарасе, _____? Сірко _____. — Ми всі _____, — сказав тато.	їдемо їдеш їду їде

Вправи до стор. 64-67.
Написати на порожньому місці одне з поданих дієслів.

вмилася	
встав	баби
зуби	животик
устав	снігу

1. Тато _____.
2. Роман _____.
3. Віра вже _____.
4. Чи ти хочеш чистити _____?
5. Мурко миє ротик і _____.
6. Ми всі їдемо до _____.
7. Петро бавиться на _____.

писати	
снідати	сніжка
вмився	встала
ґудзик	їдемо

1. Роман каже: — Я вже _____.
2. Сірко котиться, як _____.
3. Віра впала і вже _____.
4. Сірко не може _____.
5. Час уже _____.
6. Ми йдемо, не _____.
7. Мама хоче купити мені _____.

Вправи до стор. 64-67.
Написати відповідне слово на лінії.

З з	Ї ї	Г г
сказав	їду	гарно
зуби	сів	ґудзик
зайчик	їдемо	сніг
разом	їла	гарбуз

Ч ч	В в	У у
дощ	уранці	умивається
читає	вмивається	вмився
читала	усі	умивайтеся
читати	вмилася	устати

П п	Й й	Ю ю
пирога	йде	Юрко
Петро	їдемо	Оленка
гарно	йдемо	Юрку
пише	пий	Юрка

Х х	Ц ц	Ж ж
хата	ці	хату
жабу	це	жила
ха-ха-ха	що	животик
хлопці	чистити	книжка

К к	Р р	Ґ ґ
котиться	робити	ґудзик
сказав	вірш	сніжки
кажуть	плотик	ґудзика
сніжка	Романа	город

Вправи до стор. 64-67. Підкреслити ті слова, які починаються
тією самою буквою, що написана над словами. Відповіді на стор. 55.

рукавиці

Ляля має рукавиці.
Ці рукавиці для мене.
Ці рукавиці для Мурка.

чоботи

Сірко носить чоботи.
Пан Мороз носить чоботи.
Мурко має чоботи.

олівець

Тато купив олівець.
Мишка несе олівець.
Тарас несе чоботи.

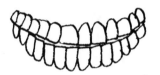

зуби

Дивіться, тату! Рукавиці!
Пан Мороз умивається.
Зуби треба чистити.

пан Мороз

Пан Мороз у школі.
Пан Мороз у крамниці.
Пане Морозе, я хочу
купити олівець.

час снідати

Тарас спускається.
Дивись, тут сніжки!
Час уже снідати.

Вправи до стор. 68-71.
Підкреслити те речення, що змістом найкраще відповідає рисункові.

1. Тепер баба _____ пиріг.

   Баба _____ пиріг.

   (спекла   пече)

2. Тут чоботи. Я хочу_____чоботи.

   Там чоботи. Я хочу_____чоботи.

   (ці   ті)

3. Юрко _____ рукавиці.

   І я _____ рукавиці.

   (маю   має)

4. Мама _____ мені чоботи.

   Тато _____олівець.

   (купив   купила)

5. Я хочу_____ тобі зайчика.

   Добре, _____мені зайчика.

   (покажи   показати)

6. Петро _____ і плаче.

   Оленка _____у сніг.

   (впав   впала)

7. Роман _____ на візок.

   Ми хочемо_____на візку.

   (сидіти   сів)

Вправи до стор. 68-71.

Написати на порожньому місці відповідне слово, подане в дужках.

Читай:

Зайчик жив у хаті.

Мишка жила в хаті також.

Вони разом спали й бавилися.

Вони разом їли хліб і коржики.

Тепер мишка й зайчик ідуть

надвір їсти моркву, капусту й гарбуз.

Біжить песик і каже: — Гав-гав!

— Ой, ой! — кричить мишка. —

До хати! До хати! Біжи!

— І ти біжи! — кричить зайчик.

— О! Вже мишки немає й зайчика немає! —

сказав песик.

Нарисуй:

1. Зайчика й мишку.

2. Що робить песик.

сідати _____ _____ _____

ловити _____ _____ _____

веселка _____ _____ _____

кляса _____ _____

йдемо _____ _____

бігати _____ _____ _____

бавитися ___ ___ ___ ___

авто _____ _____

показати ___ ___ ___ ___

читай _____ _____

чоботи _____ _____ _____

спускатися ___ ___ ___ ___

будувати ___ ___ ___ ___

котиться _____ _____ _____

вмилася _____ _____

нарисуй _____ _____ _____

вмивайтеся ___ ___ ___ ___

Роман _____ _____ _____

сказала _____ _____ _____

коржик _____ _____

снігу _____ _____

животик ___ ___ ___

скочив _____ _____

хочеш _____ _____

нести _____ _____

кидай _____ _____

встати _____ _____

хлопець _____ _____

Ляля _____ _____

дзвінок _____ _____

кричать _____ _____

кажуть _____ _____

біжить _____ _____

уранці _____ _____

Вправи після стор. 75.
Розділи на склади кожне слово.

ідіть ідуть їдеш	мишка мишки мишку	гав ой н-няв	бавитися бавилися бавиться
спекла спали школи	їли ці ті	плотик скочив песик	казала мала миє
можеш хлопець олівець	рукавиці крамниці поросята	пане Морозе пан Мороз пані Козак	чистити робити чоботи
зуби жив туди	сказав скакав забавку	вмився вмивається вмилася	умивається спускається умивайтеся
впав устав усі	сніжки снігу снідати	фармі уранці хлопці	уставати робити будувати
їло їв з'їла	йду їли їду	Романа зайчика котика	Гав Няв Ляля

Вправи після сторінки 75.
Перевірка знання слів. Вказівки на сторінці 55.

До вчителів

1. Розпізнавання тексту за допомогою рисунків.

2. Правильне вживання дієслів.

3. Зробити правильне рішення.

4. Перевірка знання вимови буков.

5. Правильне вживання слів у реченнях.

6. Вимова початкових і кінцевих звуків.

7. Зрозуміння тексту за допомогою рисунків.

8. Правильне вживання дієслова „писати".

9. Перевірка знання слів:

скакати	бігати	сидіти
пиши	моркву	крейда
гарно	школа	пані Козак
зайчик	скакалка	перерва
обідати	кляса	дзвонить
дзвінок	писати	пише
морква	хочеш	капуста

10. Зрозуміння тексту за допомогою рисунків.

11.   Пояснення поступового розвитку дії.

12.   Правильне вживання слів у різних відмінках.

13.   Правильне вживання поданих слів у реченнях.

14.   Зорове розпізнавання слів.

15.   Правильне вживання дієслова ,,нести''.

16.   Правильне вживання поданих слів у реченнях.

17.   Перевірка знання слів:

каже	Мурка	покажи
будує	дошку	купую
хочемо	їдемо	вони
читати	книжки	школі
автобус	неси	про
несе	зайчика	хочеш

18.   Вимова слів:

пиріг	зайчик	їжак
гарбуз	книжка	бараболя
дошка	автобус	сонце
город	школа	чобіт
хата	морква	олівець
візок	ніс	учителька

19.   Правильне вживання дієслова ,,кидати''.

20.   Розпізнавання тексту за допомогою рисунків.

21.   Правильне вживання дієслів ,,їсти'' й ,,пекти''.

22.   Пригадати події та виконати вказівки.

23.   Робити висновки.

24.   Розпізнавання початкових звуків:

порося	фільм	дивіться
носить	дошки	кричить
ой	вовк	їла
город	спекла	мами
будувати	хату	читати

25.   Розвиток дії.

26.   Зробити правильне рішення.

27.   Зрозуміння заперечних часток ,,так'' і ,,ні''.

28.   Перевірка знання слів:

казала	сніжки	коло
питає	гей	бавиться
кажуть	дошки	кричать
носить	порося	дивіться
фільм	їла	пирога
пирога	спекла	кричи
бавитися	вовк	дошки

29.   Правильне вживання дієслова „читати".

30.   Зрозуміння й правильне вживання слів.

31.   Розпізнавання початкових і кінцевих буков:

фільм	сніжки	гарбуз	вовк
мишка	забавки	коло	пиріг
жаба	вода	дзвінок	книжки
дівчата	сніг	хлопці	порося
город	дошка	візок	школа

32.   Правильне вживання дієслів.

33.   Виконання вказівок.

34.   Перевірка знання слів:

воду	пила	з'їв	коржик
скажи	пив	жабу	маю
лови	Оленки	купив	мишку
крамниці	ідуть	для	читає
бігав	забавку	скакав	купи
читав	показати	ніс	сніжки

35.   Правильне вживання фраз.

36.   Правильне розуміння речень.

37.   Виконання вказівок.

38. Розпізнавання з вимови початкових і кінцевих буков:

банан	лев	яблуко	екран
ніготь	шість	м'ясо	шатро
двері	порося	кінь	дзеркало
щітка	цвях	дощ	ведмідь
їжак	паркан	сходи	чобіт
гарбуз	фартух	жирафа	вівця

39. Користування рисунками, як ключем до розв'язки завдання.

40. Користування рисунками, як ключем до розв'язки завдання, у вжитку дієслів.

41. Перевірка знання слів:

жив	Віро	недалеко	санки
котиться	плотик	миє	спускається
устати	можеш	впала	місто
встав	робити	сніжка	сказала
йдемо	ґудзика	рот	скочив
сів	але	знаю	спускатися

42. Правильне розуміння дієслів.

43. Зробити правильні рішення.

44. Розпізнавання вимови початкових буков та вимови слів:

З з	Ї ї	Г г
зуби	їду	гарно
зайчик	їдемо	гарбуз
	їла	

Ч ч	В в	У у
читає	вмивається	умивається
читала	вмилася	умивайтеся
читати		устати

П п	Й й	Ю ю
пирога	йде	Юрко
Петро	йдемо	Юрку
пише		Юрка

Х х	Ц ц	Ж ж
хата	ці	жила
ха-ха-ха	це	животик
хлопці		

К к	Р р	Ґ ґ
котиться	робити	ґудзик
кажуть	Романа	ґудзика

45. Зрозуміння тексту за допомогою рисунків.

46. Правильне вживання слів.

47. Виконання вказівок.

48. Слухове сприймання вимови складів слів.

49. Перевірка знання слів:

ідіть	мишки	н-няв	бавилися
спали	їли	песик	мала
олівець	рукавиці	пан Мороз	чоботи
зуби	сказав	вмивається	умивайтеся
устав	снідати	уранці	уставати
з'їла	їду	Романа	Гав

Гра буквами

Замалюйте писанки й букви, а потім виріжте писанки.

Візьміть коробку (картон) для яєць.

Розложіть писанки лицем до стола.

По черзі витягайте по одній писанці й назвіть предмет, якого назва починається тією буквою. Якщо відповідь правильна, тоді покладіть писанку в коробку (картон) для яєць.

Учень, який перший заповнить коробку (картон) для яєць писанками, виграє.

Цю гру можуть грати:

1.   Учителька з учнями.
2.   Двоє дітей.
3.   Група дітей.

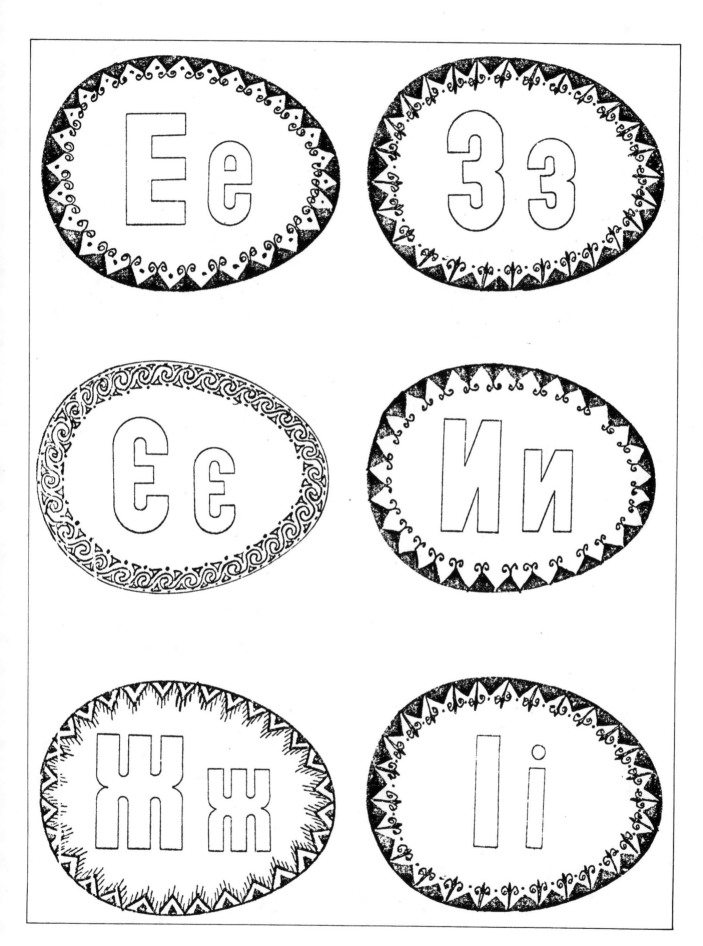